STRATEGIE SEGRETE PER GUADAGNARE UN SACCO DI SOLDI NEL BUSINESS MULTILIVELLO

SVILUPPARE LE VOSTRE CAPACITÀ DI VENDITA,
IMPARARE COME AVERE SUCCESSO IN UNA SOCIETÀ DI
NETWORK MARKETING

Gaston Echevarria

Indice dei contenuti

Introduzione: Marketing multilivello

Il marketing multilivello, o MLM, è una strategia di marketing che crea una linea discendente di distributori e una gerarchia di livelli multipli di compensazione. La forza di vendita è compensata non solo dalle proprie vendite, ma anche dalle vendite delle persone che aiutano ad assumere. Le aziende, che hanno un'ampia base di prodotti, spesso non possono impiegare una forza di vendita equivalente e ritengono che starebbero meglio senza l'approccio tradizionale. Pertanto, essi implementano MLM per sopravvivere alla concorrenza delle multinazionali.

MLM è noto anche come network marketing perché utilizza una rete di clienti individuali per colpire altri clienti potenziali. In altre parole, ogni singolo cliente funge da rappresentante di vendita.

➢ *Marketing multilivello vs. Marketing piramidale*

La gente spesso confonde il MLM con il marketing piramidale; tuttavia, c'è una distinzione molto chiara tra i due approcci: il marketing piramidale consiste nell'ottenere i vostri soldi e poi usarli per reclutare altri distributori; il MLM, invece, consiste nello spostare il prodotto attraverso una più ampia rete di distributori in modo che il business possa aumentare il volume delle vendite.

Un'altra differenza tra MLM e piramide marketing è che il marketing piramidale richiede che ogni livello sia DOPPIO prima di creare un nuovo livello, quindi non è giusto per le persone che si trovano nei livelli inferiori e non è nemmeno etico. MLM, tuttavia, concede una commissione basata sul volume del prodotto venduto attraverso i propri sforzi di vendita, nonché su quello dell'organizzazione in downline.

Dal momento che MLM affronta i rischi di avviare un'attività che non è stata dimostrata da clienti non riconosciuti, la gente preferisce aspettare anni prima di entrare a farne parte. Pertanto, testimoniano anche la traiettoria e l'affidabilità dell'azienda.

> ## *Struttura di marketing multilivello*

Il marketing multilivello segue una struttura significativamente diversa dal marketing piramidale: la rete è divisa in parti che comprendono un diverso numero di persone. Alcune parti della rete possono essere costituite da persone di grado inferiore perché l'iniziatore potrebbe non essere stato in grado di iscrivere più persone; tuttavia, altre parti possono essere fiorite perché un genio del marketing laborioso ha buone risorse. Pertanto, il MLM si rivela essere un approccio più equo alla generazione di reddito.

➢ *Crescita all'interno di aziende di marketing multilivello*

Un'opportunità MLM, con un'ampia rete di contatti, porta con sé maggiori prospettive di crescita man mano che i membri diventano più entusiasti di introdurre più persone. Inoltre, coloro che si trovano ai vertici della rete sono incoraggiati a condividere le loro esperienze con i loro subordinati. Questo perché il miglioramento delle prestazioni dei nuovi partecipanti e dei subordinati si tradurrà in maggiori benefici per gli anziani.

Pertanto, le aziende di marketing multilivello possono trarre vantaggio da grandi opportunità di generazione di reddito. L'unico tasto è quello di selezionarne uno con un prodotto o servizio di successo, in modo che tu preferisca per te stesso.

Che cosa è realmente il Multilevel Marketing o MLM

Il marketing multilivello è infatti una rivoluzione nella distribuzione.
L'evoluzione del marketing multilivello ha favorito un cambiamento nel paradigma di business che ha cambiato in modo significativo le modalità tradizionali di marketing e distribuzione di un prodotto agli utenti finali. Il marketing multilivello ha eliminato la necessità di ulteriori negozi, grossisti, dettaglianti e budget pubblicitari, rendendolo uno dei metodi di marketing a più basso costo. Questo nuovo modo di marketing ha liberato una grande quantità di denaro che prima era consumato da enormi budget pubblicitari e che ora può essere utilizzato per sviluppare prodotti migliori e innovativi.

- ***Portata del marketing multilivello***

La tecnica di marketing multilivello incorpora molteplici livelli di marketing che si estendono a masse di potenziali clienti e questo è ciò che tutte le aziende vogliono davvero raggiungere il massimo numero di potenziali clienti. Soprattutto con l'avvento del marketing su Internet, il campo di applicazione del MLM o network marketing ha raggiunto il suo apice. Le aziende di vari settori industriali come i prodotti sanitari, le linee di bellezza e di cura della pelle, i cosmetici e molti altri non possono davvero sopravvivere nel lungo periodo senza attuare strategie di marketing multilivello, soprattutto nel corso della loro attività.

Evidenziando la portata del marketing multilivello, Michael L. Sheffield, CEO di Sheffield Research Network, una società di vendita diretta e di consulenza MLM, nel suo Direct Sales Journal del febbraio/marzo 1999, ha scritto un articolo intitolato "Comp Plan Conversion: Direct Sales to MLM Compensation Plans" in cui sostiene che MLM ha introdotto un cambiamento di paradigma nel business tradizionale della vendita diretta e con la rivoluzione di Internet il successo delle aziende MLM è aumentato molte volte. Ha anche citato la dichiarazione di Neil Offen, presidente dell'Associazione di Vendita Diretta, secondo cui MLM è passata dal 25 per cento dei membri dell'Associazione di Vendita Diretta nel 1990 al 77,3 per cento nel 1999.

- **Opportunità di marketing multilivello**

Il marketing multilivello è una corsa di innumerevoli opportunità e prospettive di crescita dell'economia. Oggi, il marketing multilivello non solo è considerato una delle fonti più redditizie ed efficienti di marketing e distribuzione dei suoi prodotti e di miglioramento delle sue vendite, profitti e opportunità di business, ma è anche considerato una fonte di generazione di occupazione nell'economia. Mentre sempre più persone si orientano verso l'e-marketing e le vendite elettroniche, il MLM sta creando un'esplosione di opportunità di lavoro ed è considerato una fonte di reddito residuo per un certo numero di persone in tutto il mondo, compresi studenti, disoccupati e donne, soprattutto casalinghe. Non solo, MLM offre una varietà di vantaggi alle aziende per ottenere i massimi profitti.

- **Comprensione del modello MLM**

Come accennato in precedenza, il marketing MLM è noto anche come network marketing e, come suggerisce il nome, ha un numero multiplo di persone (e/o reti) che commercializzano un prodotto ai consumatori. In termini molto semplici, nell'ambito del marketing multilivello, un'azienda impiega un rappresentante di vendita (a volte chiamato distributore, affiliato o socio) che svolge i seguenti compiti di base.

In primo luogo, ottenere i clienti e generare vendite.

In secondo luogo, per generare, reclutare e formare altre persone come rappresentanti di vendita per ottenere clienti o generare vendite.

Discutiamo nel dettaglio come funziona il modello di marketing multilivello.....

- **Modello di marketing multilivello**

Il seguente modello in quattro fasi dimostrerà come funziona un modello di marketing multilivello:

Passo I: Gli agenti di vendita ricevono i clienti

Inizialmente la società MLM nomina un rappresentante e/o distributore il cui scopo principale è quello di vendere il prodotto o servizio a potenziali clienti. Il numero iniziale di clienti da ottenere varia a seconda del business plan e della struttura delle commissioni. Ma di solito è meglio ottenere tutti i clienti che la persona può trattenere efficacemente e fare ripetute vendite a loro. Inoltre, se la struttura di pagamento della vostra azienda è più gratificante per addestrare le persone a ottenere più clienti che come venditore MLM, dovreste limitare i vostri sforzi per ottenere pochi clienti prima in questa fase e poi concentrarvi sulla fase successiva, che consiste nel farli addestrare per promuovere le vendite. Questa strategia è molto appropriata per le aziende che vi pagano per "duplicare la vostra identità".

Fase II: formare e reclutare una persona come rappresentante di vendita:

Dopo aver generato alcuni clienti e aver fatto vendite a loro come fa il normale direct marketing o vendite dirette, il lavoro successivo di un venditore multilivello è quello di formare una persona ad agire come rappresentante di vendita e convincerli a portare più prospettive e generare più vendite per l'azienda. Questa persona sarebbe chiamata la tua downline. Qui il vostro ruolo è quello di un reclutatore piuttosto che quello di un rivenditore o distributore.

Fase III: Insegnate al rappresentante come addestrare e reclutare un'altra persona come rappresentante di vendita:

Una volta che il vostro rappresentante di vendita ottiene abbastanza clienti a volontà e genera vendite sufficienti, è il momento per voi di addestrarli per ottenere un rappresentante di vendita. Il vostro lavoro come leader ha ora molteplici dimensioni, come generare più vendite, formare il personale per diventare un rappresentante di vendita e formare il rappresentante di vendita per formare il futuro personale come rappresentante di vendita. Il focus dei vostri sforzi dipenderà ancora una volta dal vostro piano di provvigioni; voi, come venditore, concentrerete i vostri sforzi dove potrete guadagnare le commissioni più alte.

Fase IV: ripetere i passaggi precedenti per generare una stringa:

Una volta che avete assunto e formato il vostro rappresentante di vendita per formare più persone e generare più clienti, ora potete assumere un altro rappresentante di vendita e seguire la stessa procedura mettendo in rete i distributori all'interno della vostra downline. Per questo motivo si chiama marketing multilivello o network marketing e quindi le aziende, attraverso le tattiche MLM, non solo possono generare clienti affidabili, ma possono anche portare i loro prodotti e/o servizi a masse di persone con costi minimi e in un periodo di tempo relativamente più breve rispetto ai metodi di marketing tradizionali.

La procedura di cui sopra spiega bene il modello MLM, ma è sempre più facile da ottenere così come appare, oppure come è possibile per un'azienda promuovere il marketing della MLM? Un piano di compensazione ben congegnato è l'unica risposta alle domande di cui sopra. Nel prossimo capitolo discuteremo le linee guida per lo sviluppo di un piano di retribuzione efficace.

Consigli pratici

Come accennato in precedenza, il marketing multilivello è semplicemente un modello di business per lo spostamento di prodotti e servizi dalla produzione al consumatore utilizzando una rete di distributori indipendenti con un piano di pagamento delle commissioni multilivello. Poiché i distributori possono reclutare altri distributori e creare team per lavorare insieme, anche il piano di pagamento è un po' complesso. In ogni azienda MLM la chiave di base per guidare la forza di marketing MLM nella direzione richiesta per produrre i migliori risultati è il piano di compensazione. I piani della Commissione o piani di compensazione sono il modo in cui le società di MLM premiano la produzione di un distributore che guida il canale di distribuzione per massimizzare i profitti.

➢ *Strategia di base della compensazione*

È importante notare che ogni azienda è diversa e ciascuna ha piani di commissione diversi, alcuni dei quali sembrano complessi o complicati. Tuttavia, la strategia di eliminazione sottostante ha le seguenti componenti di base.

Commissione per le vendite al dettaglio: Come suggerisce il nome, la commissione di vendita al dettaglio è la commissione assegnata per motivare il venditore a generare vendite. La commissione pagata ad un venditore per il numero di vendite che fa ai suoi clienti.

Sponsor Commission: La prossima

componente di un piano di compensazione MLM è la commissione pagata a un venditore per le vendite generate dalla loro downline, che richiede al venditore di concentrarsi sul persuadere e generare altri rappresentanti di vendita per la promozione delle vendite. Le aziende che vogliono espandere i loro sforzi di marketing e distribuzione di solito pagano commissioni migliori per motivare i loro venditori a portare più rappresentanti di vendita in azienda.

Commissione di formazione: poche imprese pagano anche i loro venditori per formare i rappresentanti di vendita. Questi venditori agiscono fondamentalmente come leader e hanno l'esperienza, le conoscenze e le competenze per formare il nuovo personale.

Oltre alle componenti di cui sopra, è anche importante ricordare che MLM è tutto incentrato sul fatturato, che è un rappresentante di vendita che non solo guadagna commissioni sulle proprie vendite, ma guadagna anche commissioni sulle vendite generate da persone che ha introdotto, formato e assunto come rappresentante di vendita. È inoltre indispensabile che i marketer si guardino da tattiche che a volte non sono eticamente utilizzate da poche società di MLM nello sviluppo di complessi piani di compensazione. Nei capitoli seguenti parleremo di truffe e frodi MLM e dei mezzi per prevenirle.

✓ *Come trovare un buon business MLM*

Anche se l'attività di Multilevel Marketing ha ottime opportunità e prospettive di crescita e successo, tuttavia, la statica rivela che la maggior parte delle persone che entrano in questa azienda devono affrontare un ostacolo. Uno studio rivela che quasi l'ottantacinque per cento delle aziende MLM fallisce nei primi diciotto mesi. Pertanto, per una persona è essenzialmente vitale iniziare questa attività con prudenza. Ecco alcune linee guida da seguire:

Fase I: RICERCA L'AZIENDA

È fondamentale per il successo di un marketer entrare a far parte di un'azienda solida e capace di entrare come marketer a più livelli. Ecco alcuni punti da considerare:

Comincia con un'azienda con molta esperienza:

Al fine di entrare nel marketing multilivello, di solito è saggio iniziare con un'azienda esperta che è in attività da almeno tre anni o più. Il motivo è che l'azienda stessa ha superato la fase iniziale di sopravvivenza e deve ora essere in fase di crescita, aumentando le sue possibilità di successo come marketer.

Scegliere una società per azioni:

Le aziende conosciute e consolidate non solo sono più sicure, ma hanno anche un accesso facile e di alto livello alle informazioni sul background dell'azienda, i suoi dipendenti e la sua forza commerciale e finanziaria. Si raccomanda inoltre di confrontare lo stipendio o la commissione con le vendite medie dell'azienda che vi dirà se è un buon punto di partenza.

Selezionare un membro di un ufficio commerciale:

E' sempre l'ideale per entrare a far parte di un'azienda che è membro di un ufficio commerciale o registrata presso l'Associazione Vendita Diretta. Questo non solo garantisce l'affidabilità dell'azienda, ma può anche presentare i propri reclami a queste organizzazioni per qualsiasi comportamento scorretto da parte dell'azienda.

✓ **Indagare la storia dell'azienda:**

Essenzialmente importante è guardare l'azienda, per vedere come fa affari. E' per motivi etici? Controlla la sua fedina penale. Scoprite se avete un track record stabile e identificate se i valori dell'azienda corrispondono ai vostri. È essenzialmente importante per la presenza a lungo termine nel settore del marketing multilivello.

Fase II: RICERCA IL PRODOTTO:

Oltre a identificare un'azienda solida, è anche molto importante conoscere il prodotto da commercializzare. Ricordate che il vostro successo come venditore multilivello dipende in definitiva dalle vendite del prodotto che state offrendo. Qui ci sono alcune domande da indagare:

✓ ***Il prodotto è commercializzabile?***

Come venditore è importante acquistare un prodotto che sia altamente commerciabile e che abbia qualità e caratteristiche solide attraverso le quali promuovere le vendite. Anche per vendere i prodotti è necessario conoscerne le caratteristiche. A volte è essenzialmente importante fare ricerche e avere conoscenze sufficienti per commercializzare la propria autostima. Ad esempio, se si vende del software per computer, si dovrebbe avere una buona conoscenza della tecnologia. Pertanto, prima di acquistare un'azienda, un marketer deve valutare questi problemi.

✓ *Ti piace il prodotto?*

Se ti piace il prodotto, sarà più facile per te commercializzarlo e quindi puoi anche convincere altri a diventare agenti di vendita. Ricordate che il marketing multilivello è più passaparola, quando vi piacete voi stessi vi sentite più sicuri perché sapete che il prodotto è buono e non state facendo false promesse.

✓ *Ha un prezzo ragionevole?*

I venditori ingenui spesso ignorano l'importanza del prezzo, che è una delle ragioni del loro fallimento sul campo. È essenzialmente importante assicurarsi che il vostro prodotto abbia un buon prezzo e qualità eccessive o sia relativamente più economico di altre marche disponibili sul mercato, altrimenti sarà quasi impossibile per un venditore generare vendite sufficienti. Anche alcune aziende offrono sconti su un certo numero di vendite, è necessario identificare gli sconti associati per migliorare i vostri profitti.

✓ *Il prodotto è consumabile?*

Per generare più commissioni, cercate di selezionare i prodotti di consumo, in quanto questo aumenta le possibilità di ripetere le vendite. Inoltre, se il prodotto piace al cliente, è possibile conservarlo a lungo termine e quindi convincerlo ad agire come rappresentante di vendita, il che alla fine aumenterà i nostri profitti futuri.

✓ *C'è una domanda per il prodotto?*

Non selezionare mai prodotti obsoleti o eccessivamente disponibili presso il punto vendita. Se i vostri prodotti non hanno una domanda sufficiente, si perde tempo e fatica per niente.

Fase III: RICERCA IL PIANO DI COMPENSAZIONE:

Il prossimo passo cruciale è comprendere bene il piano di compensazione. Poiché il più delle volte un fornitore multilivello fornisce un doppio servizio; uno come fornitore e l'altro come reclutatore, quindi la commissione e il compenso dipendono da entrambi. Per questo motivo è importante comprendere con largo anticipo le politiche retributive dell'azienda. Ecco alcuni suggerimenti:

✓ ***Il tuo compenso è basato sulle vendite o sul reclutamento?***

Ricordate che è illegale pagare commissioni sul numero di reclute. Pertanto, è necessario identificare il piano di compensazione. Questo vi aiuterà a concentrare i vostri sforzi.

Identificare i costi nascosti:

Alcune aziende richiedono un acconto o una quota associativa per registrarsi come venditore o rappresentante di vendita per conto delle aziende. Identificare se si intende generare

abbastanza commissioni per coprire il suo denaro iniziale pagato. Anche se l'investimento è relativamente elevato, fate attenzione in quanto alcune società fraudolente chiedono inizialmente di pagare somme ingenti. Evita sempre di unirti a loro.

✓ *Hai un obiettivo da raggiungere?*

Devi trovare i tuoi obiettivi, per esempio, quanti membri devi reclutare. Alcune aziende richiedono l'iscrizione di un certo numero di persone in un certo periodo di tempo prima di ricevere il pagamento. Non solo che poche aziende richiedono di attraversare il livello di vendita target prima di pagare. Questo può causare problemi a venditori nuovi e ingenui.

Oltre a quanto sopra, ci sono anche altri punti importanti che garantiscono il vostro successo come venditore multilivello. Questi sono quelli:

Formazione per i fornitori:

Alcune aziende offrono ai loro rappresentanti MLM e venditori una formazione sulle caratteristiche del prodotto e sul profilo aziendale. Anche le buone aziende formano il proprio personale per migliorare le proprie capacità di marketing. E 'meglio selezionare una tale azienda, soprattutto se siete nuovi al settore del marketing multilivello.

Partecipazione attiva:

Alcune aziende offrono anche un forum di discussione dove è possibile interagire con altri membri. E' un bene per te, perché nel corso del tuo lavoro possono sorgere alcune domande alle quali hai bisogno di risposte e vuoi ricevere suggerimenti da altre persone della stessa azienda che possono aiutarti a risolvere i tuoi dubbi e darti le risposte giuste di cui hai bisogno.

Accettare la raccomandazione dell'attuale membro:

Contattare sempre qualcuno che è già membro di MLM. Chiedete loro le loro raccomandazioni sull'azienda e le loro opinioni sul funzionamento del sistema MLM in azienda.

Attenzione alle truffe:

Ci sono diverse società false e false dichiarazioni false. Stai attento con loro. Nei capitoli seguenti discuteremo in dettaglio le truffe MLM, che vi aiuteranno a proteggervi dall'ingresso in aziende false.

In poche parole, una buona azienda è composta da persone che si impegnano per prodotti che contribuiscono realmente a migliorare la vita delle persone, che vedono i loro distributori come il loro patrimonio e hanno promettenti piani di compensazione che pagano bene per gli sforzi, che formano le loro persone e che sono sempre presenti per aiutare le loro persone. Quindi, se segui i passi sopra descritti, potrai selezionare una buona azienda MLM che ti garantirà il successo come marketer multilivello.

Marketing multilivello rispetto alle aziende tradizionali

I sostenitori del marketing multilivello descrivono MLM come il mezzo più efficiente ed efficace per il marketing e per generare contatti e vendite per la vostra azienda. Ma le aziende di marketing tradizionali sono riluttanti ad adottare nuove strategie di network marketing per gestire il proprio business. Inoltre, la maggior parte delle persone non capisce nemmeno esattamente le differenze tra le due strategie. Per questo motivo abbiamo dedicato questo capitolo all'esplorazione della differenza tra marketing multilivello e strategie di marketing tradizionale.

Esploriamo le principali differenze:

- ### *Differenza tra MLM e Marketing Tradizionale*

La differenza più significativa tra il MLM e il marketing tradizionale è il ruolo del marketer. Nel marketing multilivello, un individuo viene inizialmente assunto come rappresentante di vendita che deve commercializzare l'azienda e i suoi prodotti e/o servizi e generare vendite, il che è abbastanza simile a qualsiasi attività di marketing tradizionale. Tuttavia, d'altra parte, nell'ambito del marketing multilivello, siete anche tenuti a identificare e reclutare ulteriori rappresentanti di vendita come downline. Il nuovo rappresentante di vendita può a sua volta nominare un'altra persona come rappresentante di vendita o marketer dell'azienda.

Con MLM un venditore ha l'autorità per ottenere i clienti e recluta e forma un altro venditore per ottenere i clienti. Tuttavia, in un'azienda di marketing tradizionale, un direttore commerciale e/o rappresentanti di vendita sono assunti dall'azienda stessa.

Con MLM è possibile assumere un numero illimitato di rappresentanti di vendita, indipendentemente dal fatto che generino o meno vendite sufficienti, tuttavia, con una società non-MLM vengono assunti rappresentanti di vendita in base alle risorse finanziarie dell'azienda. Anche un nuovo responsabile delle vendite viene assunto solo quando il manager esistente è sopraffatto.

In un'impresa MLM la struttura della rete di distribuzione si espande verticalmente, ma in un'impresa di marketing tradizionale vi è generalmente un'espansione orizzontale.

I venditori MLM spesso ricevono commissioni, vale a dire che il loro compenso è di solito basato sul numero di vendite effettuate da loro o da persone in downline. Questo è il motivo per cui MLM gode di una rapida espansione, poiché i venditori possono assumere tutti i rappresentanti di vendita che desiderano e l'azienda non deve preoccuparsi di stipendi fissi. Tuttavia, nel marketing tradizionale, i responsabili delle vendite o i rappresentanti sono spesso pagati con stipendi fissi.

Inoltre, le società di MLM di solito non richiedono costi di costituzione elevati rispetto alle società tradizionali che richiedono ingenti investimenti per creare un intero canale di commercializzazione e distribuzione.

Una delle altre caratteristiche principali del marketing multilivello è che le società madri fanno un sacco di soldi. La forza vendita di MLM è così vasta che, anche se nessun promotore vende ad alti livelli, ma il gruppo nel suo complesso vende ad un livello molto alto, l'azienda ne beneficerebbe comunque dei vantaggi. Tuttavia, con il sistema tradizionale, se un manager non funziona bene, le vendite dell'azienda ne risentono negativamente.

Sotto il MLM, chi ha prestazioni elevate guadagna molto e raggiunge il massimo, mentre gli altri (quelli con prestazioni basse) non possono sopravvivere e lasciare il mercato da soli. L'azienda MLM, come ogni altra azienda tradizionale, non deve preoccuparsi di passare attraverso le noiose procedure di valutazione, assunzione e licenziamento, e così via.

Pertanto, le differenze di cui sopra

manifestano chiaramente i vantaggi associati al marketing multilivello rispetto ai metodi di marketing tradizionali, in quanto il MLM non solo è la forma di marketing più flessibile, ma anche, per le sue caratteristiche di rete, ha la tendenza ad espandersi rapidamente sul mercato e, se efficacemente mirata, può generare enormi profitti per l'azienda. Non solo le persone che possono unirsi al team di marketing di MLM possono lavorare in qualsiasi momento e raccogliere i benefici non solo sulle vendite che fanno, ma anche sulle vendite effettuate dai rappresentanti che assumono. Pertanto, MLM ha la caratteristica di beneficiare di un effetto leva e di una maggiore penetrazione del mercato.

✓ *Devi migliorare le tue capacità di venditore*

È essenziale per un venditore capire

che, per quanto grande sia l'azienda che seleziona e per quanto esigenti siano i prodotti, ciò che non va dimenticato è che il marketing multilivello richiede molto lavoro e impegno. Non è possibile fare grandi somme di denaro iscrivendosi una sola volta e poi seduti ad aspettare che il denaro arrivi. È necessario allenarsi e aggiornarsi costantemente e migliorare i propri sforzi per garantire profitti a lungo termine e massimizzare i profitti. Ecco alcuni suggerimenti per aiutarti a migliorare le tue capacità di venditore a più livelli.

Gestire la vostra downline:

Ricordate che la vostra downline è la vostra risorsa e una fonte di reddito. Pertanto, è importante gestire correttamente la propria downline e continuare a motivare la propria downline per produrre il massimo dei risultati e generare il massimo delle vendite.

Capire persone diverse:

È importante per un venditore capire che ha a che fare con un certo numero di persone alla volta, la maggior parte delle quali di diversa provenienza. È essenziale per lui formare ognuno di essi in modo appropriato, poiché ognuno di essi può richiedere una serie di informazioni e competenze diverse per migliorarne l'efficienza. Anche per convincere le persone ad agire come rappresentanti di vendita, voi come venditori dovete persuaderle in base alle loro esigenze e al loro livello.

Imparare ad accettare il rifiuto:

Il marketing multilivello ha un alto tasso

di rifiuto, quindi è importante mantenere un atteggiamento positivo e accettare un "NO".

Rimanete concentrati e perseverate:

Alcune persone tendono a perdere interesse rapidamente se pensano che i loro piani non funzionano perfettamente. Un marketer a più livelli dovrebbe evitarlo, poiché richiede perseveranza e sforzi mirati per raggiungere il successo.

Condurre una ricerca costante:

Ancora una volta, il vostro successo come venditore dipende in gran parte dall'azienda e dal prodotto scelto. E' quindi imperativo indagare bene prima di entrare in azienda.

Allenarsi e aggiornarsi costantemente:

Cercate di raccogliere le aziende che offrono una formazione costante ai loro venditori, questo vi aiuterà a mantenere l'aggiornamento automatico. Se si conoscono le ultime tendenze, tecnologie e caratteristiche del prodotto, si è in una posizione migliore per persuadere i clienti, generare vendite e guidare la vostra downline.

Migliora le tue capacità di comunicazione:

Una comunicazione efficace e le capacità di vendita sono la chiave del successo di ogni venditore; pertanto, un venditore a più livelli deve migliorare costantemente le proprie capacità di comunicazione.

Parlare per parlare..... l'affidabilità:

Per ottenere vendite ripetute, è necessario fornire informazioni affidabili. Pertanto, si dovrebbe essere responsabili della commercializzazione del prodotto ed evitare modi non etici di generare vendite e prospettive.

Aziende multilivello di successo

Elementi essenziali del business MLM

Migliaia di aziende MLM operano oggi in tutto il mondo, ma la maggior parte di esse scompaiono nel tempo. Nuove aziende continuano ad entrare ed uscire dal mercato. Solo le grandi imprese possono mantenere un'esistenza a lungo termine. È essenzialmente importante scoprire quali aziende hanno successo nel MLM? Quali sono le loro caratteristiche? Come un'azienda può garantire il successo delle sue strategie di MLM. Questi sono alcuni dei punti di forza di un'azienda di marketing multilivello ad alte prestazioni.

✓ *Prodotto unico:*

Non importa quanto efficace sia la

vostra strategia di vendita o di marketing e quanto buona sia la vostra forza vendita, nulla funziona se la vostra offerta non ne vale la pena. Un prodotto unico e ben sviluppato che soddisfi realmente le esigenze del cliente è una necessità. Senza un prodotto di qualità unico sul mercato, non è possibile sopravvivere sul mercato, non importa quanto grande sia.

✓ *Stabilità:*

La parola stabilità denota spesso longevità e resistenza a lungo termine. Un'azienda affermata ha l'opportunità di mantenere a breve termine gli shock economici della domanda e dei prezzi. Anche le aziende con piani e politiche di gestione coerenti e obiettivi a lungo termine definiti dimostrano stabilità e perseveranza a lungo termine. Se le decisioni chiave e i decisori politici sono cambiati frequentemente nel corso della storia dell'azienda, la loro stabilità è discutibile.

✓ *Forza finanziaria:*

La stabilità e la solidità finanziaria è un'altra componente della stabilità. Prima di entrare in MLM, un'azienda deve identificare se dispone di risorse e fondi adeguati per rispettare i risarcimenti ai distributori. Le aziende devono anche identificare se sarebbe redditizio implementare il network marketing e se i benefici attesi superano i costi associati.

✓ *Formazione e supporto ai soci*

La caratteristica più importante di un'azienda di marketing multilivello ben funzionante è la qualità della sua formazione e del supporto ai distributori o affiliati. Le aziende che vedono i loro distributori come attivi si concentrano sempre sull'educazione e la formazione del personale non solo per affinare le loro competenze, ma anche per consentire loro di tenere il passo con i cambiamenti o le nuove tendenze nel settore del marketing multilivello. Queste aziende offrono una formazione continua ai loro team di vendita attraverso webinar, chat room e videoconferenze. Inoltre, le aziende di successo offrono diversi canali ai loro distributori per risolvere questioni e preoccupazioni, come le chat room in diretta, le biblioteche di risorse, i siti web informativi e interattivi e le linee dirette di supporto ai distributori.

✓ **Strumenti per la creazione di imprese**

È importante ricordare che i venditori di

successo sono indispensabili per il successo di un'azienda. Questo è il motivo per cui le aziende di marketing multilivello ad alte prestazioni spesso forniscono ai loro distributori una varietà di strumenti efficaci per la creazione di business. Diversi strumenti utili come schede elettroniche, riviste, calendari, calendari, sistemi di gestione dei rapporti con i clienti, campioni, tester, autorisponditori e varie altre risorse online sono forniti ai vostri distributori.

✓ *Piano di compensazione*

Un piano di retribuzione efficace è ancora una volta una necessità per il successo del marketing multilivello. Un'efficace società di marketing MLM conosce l'importanza della sua forza distributiva e offre ai suoi distributori un piano di compensazione generoso ed equilibrato. È inoltre importante che, indipendentemente dal modello di retribuzione utilizzato dall'azienda, il piano sia semplice, diretto e di facile comprensione e che premi i suoi distributori o affiliati con livelli di bonus progressivi. Motivarli ad aumentare i loro sforzi per aumentare il volume delle vendite e reclutare potenziali clienti potenziali più qualificati.

Pertanto, queste sono le caratteristiche di base che assicurano la sopravvivenza e il successo di un'azienda di marketing multilivello, queste poche caratteristiche dovrebbero guidare come assicurare il successo del marketing multilivello.

Il marketing multilivello è legale?

Il marketing multilivello è un concetto di marketing relativamente nuovo e complesso, anche se è stato praticato per anni in una forma o nell'altra da molte aziende, ma la stragrande maggioranza delle persone lo confonde con schemi piramidali e mette in discussione la legalità del marketing multilivello. Ora la domanda è: la MLM è legale? Ecco la risposta: Si', e' legale.

Fino al 1979, il marketing multilivello era solitamente considerato una truffa o illegale perché non è mai stato provato e giudicato in tribunale. Nel 1975, la Amyway Corporation è stata accusata e citata in giudizio dalla Federal Trade Commission degli Stati Uniti per aver operato come schema piramidale illegale e dopo quattro anni di contenzioso, Amyway ha vinto la causa e il tribunale ha escluso che il programma di marketing multilivello dell'azienda fosse un business legittimo e non uno schema piramidale illegale. Pertanto, è ormai chiaro che il marketing multilivello è legale e non una truffa.

Per ora è chiaro che il marketing multilivello è legale e non dovrebbe essere pensato due volte. Tuttavia, le aziende che realizzano programmi di marketing multilivello devono sviluppare rigorosamente strategie che rientrano nella definizione di marketing multilivello, in quanto esiste una linea sottile tra il marketing multilivello e il marketing piramidale che è illegale. Anche a causa della complessità delle strutture delle commissioni, le aziende a volte sviluppano, se non illegali ma non etiche, strategie che non vanno a vantaggio delle comunità e del pubblico in generale.

Tuttavia, per entrare legalmente nella categoria del marketing a più livelli, oltre ad usare il buon senso, devono essere seguite le seguenti linee guida della Commissione Federale per il Commercio degli Stati Uniti (FTC):

Non entrare mai in un piano che promette commissioni per il reclutamento di nuovi distributori. E' costituito secondo uno schema piramidale illegale. Il tuo compenso deve essere collegato alle vendite effettive effettuate da te o dalla tua downline, non al numero di reclute.

I piani che chiedono ai nuovi distributori di effettuare un pagamento anticipato o di acquistare un inventario costoso sono spesso scettici, per cui è essenziale essere cauti con loro. Questi piani possono crollare rapidamente e possono anche essere schemi piramidali finemente mascherati.

Inoltre, i piani che affermano che si guadagnano di più aumentando la propria downline sono irrealistici. Si sono pagate commissioni sulle vendite effettuate dalle persone che reclutate, non solo assumendo sempre più rappresentanti. Quindi stai attento con loro.

Attento agli scellini. Riferimenti falsi o sovraprogetto utilizzati dalle aziende per attirare l'utente sono irrealistici, quindi fate attenzione.

Ricordati, non vendi miracoli. Pertanto, l'impegno verso le aziende che affermano di vendere prodotti miracolosi. Ricordate anche che, secondo le linee guida della FTC, un distributore o venditore è eticamente responsabile per le promesse che ha fatto. Quindi non promettete quello che non riuscite a consegnare.

Non stipulare mai un contratto in una situazione di alta pressione "ora o mai". Queste sono tutte tattiche non etiche praticate dalle aziende per intrappolarvi. Prendetevi sempre il tempo necessario e fatevi consigliare da amici e altri professionisti come contabili, avvocati, ecc. per valutare la fattibilità del progetto.

Oltre alle linee guida di cui sopra, la FTC richiede anche che la società di marketing multilivello tragga almeno il 70% dei suoi ricavi dalle vendite al dettaglio a non rivenditori. Se questo criterio non è soddisfatto, i tribunali hanno concluso che in diversi casi la società MLM si occupa di reclutare incessantemente distributori che reclutano distributori, il che può trasformare queste società in schemi piramidali, non in società di vendita e distribuzione.

Pertanto, le suddette linee guida sono importanti per identificare se la società MLM rientra nella definizione giuridica di "fare affari". Ma non è tutto; oltre ad essere legale, è essenzialmente importante per l'azienda di marketing multilivello utilizzare standard e procedure etiche per generare il proprio business e profitti. Più avanti in questo testo metteremo in evidenza le truffe generali e le pratiche non etiche che sono spesso praticate da poche aziende MLM per ingannare le loro persone e i modi per evitarle.

Possibili truffe e come evitarle

Come indicato sopra, il successo di MLM dipende in larga misura dall'aumento del numero di vendite attraverso i rappresentanti di vendita. A volte le aziende, per attirare le persone, usano dichiarazioni false. Questo è uno dei motivi principali per cui molte persone temono che la MLM sia perché credono di essere truffati. Se si effettua una ricerca sul web si trovano molti esempi di aziende che fanno dichiarazioni false e truffe MLM. Ecco alcuni esempi di come le aziende utilizzano pratiche non etiche per ingannare le persone:

Offrire sistemi di garanzia di rimborso

Offrire miracoli invece di prodotti reali

Chiedere ai nuovi distributori di pagare in anticipo

Promette di dare alle persone nei ranghi una volta che si iscrivono con loro.

A volte le aziende MLM non esistono nemmeno nella realtà, ma si limitano a creare siti web falsi per intrappolare gli individui.

Richiedi di acquistare inizialmente una certa percentuale del tuo prodotto, che potrebbe non essere in grado di vendere e quindi subire perdite.

Promettendoti commissioni irragionevolmente alte sulle tue vendite.

Oltre a loro, molte aziende di MLM pianificano tatticamente il loro schema di commissioni che in realtà sottrae denaro ai venditori o alle persone che lavorano in rete. I venditori ingenui di solito non capiscono che vengono truffati e anche dopo aver investito il cento per cento dei loro sforzi e aver generato abbastanza clienti, non raggiungono gli obiettivi irrealistici delle aziende e non possono ottenere nulla dai loro sforzi. Per questo motivo è sempre essenziale che un venditore rifletta attentamente e indaghi correttamente prima di entrare nell'azienda MLM e di stare lontano da quelle aziende che applicano tattiche non etiche per generare profitti.

Ecco alcuni consigli per evitare le truffe.

> ➢ *Suggerimenti per evitare truffe di marketing multilivello:*

Indagare l'azienda e il suo management. Ad esempio, se non avete accesso all'azienda, nessun numero di telefono, nessun indirizzo, nessuna persona di contatto, allora questi sono i segnali che vi stanno truffando.

Leggere la politica e le procedure prima di aderire. Inoltre, prima di firmare qualsiasi accordo, segui i consigli di alcuni professionisti.

Evitare sistemi di generazione di piombo che si affidano ad amici e familiari.

Capiremo il piano di compensazione. Assicuratevi anche di essere compensati per le vendite che voi e la vostra downline generate e non per il numero di persone che reclutate, dato che quest'ultimo è uno schema piramidale illegale.

Controlla se è disponibile un supporto per la linea superiore. Identificare se l'azienda investe fondi e risorse nella formazione dei propri distributori. Solo le aziende buone e affidabili investiranno nella formazione del proprio personale.

Se l'azienda di marketing multilivello sta chiedendo diverse centinaia o migliaia di aderire in anticipo, ci possono essere possibilità di essere truffati.

Ricordate sempre che il successo di MLM richiede tempo e duro lavoro, non entrate mai in aziende che promettono profitti overnight.

Seguendo i suggerimenti di cui sopra, un venditore ingenuo può ridurre le possibilità di essere truffato e quindi concentrare i propri sforzi su un'attività di MLM affidabile e realistica.

Opportunità di marketing online multilivello

Finora la nostra discussione si è basata sulla comprensione dei fondamenti del marketing multilivello e una cosa che è ovvia durante la nostra discussione è che ogni azienda di marketing multilivello mira a raggiungere sempre più prospettive e generare sempre più vendite. Ora basta pensare per un momento all'era attuale, che è il miglior mezzo possibile per raggiungere il massimo numero di prospettive investendo il minimo di tempo e sforzo. La risposta è molto semplice: `Internet'. Collegandosi online, le aziende MLM possono trasformare il loro business in successo e raggiungere miliardi di clienti incorporando strategie di marketing online a più livelli. Le migliori società di marketing multilivello eseguono diverse strategie di marketing online al fine di generare sempre più opportunità di business e quindi concentrano i loro sforzi di marketing sulle opportunità di generare vendite.

Linee guida per un marketing online multilivello efficiente

Esploriamo alcune linee guida per rendere il vostro business online MLM un successo;

> ### ➢ **Crea il tuo sito web:**

Il primo e più importante passo per garantire la vostra presenza online è quello di creare il vostro sito web. Ogni sistema di marketing multilivello online inizia con un sito web.

> ### ➢ **Attrarre i visitatori:**

Non importa quanto sia buona la vostra azienda, il vostro prodotto o il vostro sito web, è inutile se nessuno lo sa? Pertanto, il passo successivo è quello di attirare il traffico verso il tuo sito web. Ora la questione è come farlo. La risposta è annunciarti. Questo può essere fatto attraverso l'incorporazione di varie strategie di marketing online, come ad esempio attraverso l'article marketing, viral marketing, blogging, video marketing, social marketing, e così via.

marketing, annunci sponsorizzati come pay-per-click, ecc. Per generare il massimo traffico verso il tuo sito web è essenzialmente importante utilizzare parole chiave efficaci e sviluppare contenuti e tattiche che massimizzino il posizionamento nei motori di ricerca. Tutte queste procedure, se utilizzate in modo efficiente, possono attirare miliardi di visitatori del vostro sito web.

> ## *Generare potenziali clienti:*

Una volta che si ottiene il traffico al tuo sito web è ora la fase in cui si ottengono le informazioni di contatto per costruire liste di potenziali clienti interessati. La generazione di lead e la creazione di liste è il passo più importante. Più avanti in questo testo esploreremo in dettaglio i modi in cui le derivazioni possono essere generate. È possibile farlo attraverso pagine di compressione, pagine email opt-in, pop-up, ecc. Pertanto, in questo modo è possibile ottenere informazioni sulla persona interessata alla vostra azienda e al vostro prodotto e potete acquistare il vostro prodotto in futuro.

> ## *Costruire relazioni:*

Una volta che un piombo è generato, è il momento di stabilire un rapporto con il potenziale cliente e sviluppare la fiducia e persuaderlo ad acquistare il prodotto. Mantenersi in contatto con il proprio potenziale cliente è fondamentale. Questo può essere fatto attraverso un risponditore automatico, dove si invia un insieme predefinito di e-mail al potenziale cliente per creare credibilità e fiducia.

> ### *Generare vendite:*

Una volta fatto questo, puoi convincere il tuo potenziale cliente ad acquistare il tuo prodotto e trasformare il piombo in un cliente. Ricordate di rimanere in contatto con i vostri clienti in modo da poter non solo effettuare vendite ripetute, ma anche convincerli ad unirsi al vostro team e, infine, reclutarli come rappresentanti di vendita.

Seguendo le linee guida di cui sopra, voi, in qualità di venditore, potete trarre i massimi benefici e portare al successo. Tuttavia, è essenzialmente importante per un fornitore a più livelli sviluppare una relazione a lungo termine con i propri clienti, in quanto è la chiave per la loro sopravvivenza a lungo termine nel settore dell'MLM. Nel prossimo capitolo analizzeremo l'importanza della costruzione di relazioni.

L'importanza delle relazioni

Per ogni azienda la chiave del successo è la costruzione di relazioni con i propri clienti. Questo vale anche per qualsiasi attività di marketing multilivello, infatti, l'importanza di costruire una relazione aumenta due volte nel marketing multilivello, in quanto voi come venditore non solo dovete mantenere i vostri clienti per generare vendite ripetute, ma anche costruire la fiducia con loro in modo da poterli convincere ad unirsi al vostro team come venditore e come futuro rappresentante di vendita. Allora, come si costruiscono le relazioni online? Ecco i consigli di base da seguire per costruire relazioni online.

Aggiungete valore ai vostri clienti:

Uno dei modi migliori per mantenere i vostri clienti è quello di fornire loro costantemente valore. Nel marketing multilivello, uno dei modi migliori per aggiungere valore ai vostri potenziali clienti è quello di fornire loro il miglior prodotto. Quando il vostro prodotto soddisfa i clienti, significa che avete mantenuto le promesse fatte a loro e quindi sviluppare la vostra credibilità e le persone si fidano di voi e vi ritorneranno ripetutamente.

E' tutto qui? No, ricordati che stiamo parlando di marketing MLM, dove i tuoi profitti sono basati sulle vendite effettuate dalla tua downline. Pertanto, per un venditore multilivello è altrettanto importante costruire relazioni sane e durature con le persone nelle loro downline. I tuoi limiti bassi sono i tuoi punti di forza. Cercate sempre di formare, aiutare e soddisfare le vostre esigenze ed essere sempre presenti per risolvere i vostri problemi e problemi. In questo modo, non solo è possibile aumentare i propri ricavi, ma anche i profitti della propria azienda.

Segnati:

Come molte persone stanno facendo business marketing multi-livello online e al fine di differenziarsi dai loro concorrenti e dimostrare se stessi, è essenziale che il tuo marchio te stesso. Il modo migliore per farlo è creare il tuo sito web o blog che racconta alla gente di te. Quando lo fai, aumenti la tua credibilità e vinci sui tuoi concorrenti.

Rimanete in contatto:

Un errore molto comune che la maggior parte dei venditori MLM commette è quello di lasciare i clienti una volta che effettuano le vendite. Non farlo mai piu'. E' molto importante tenersi in contatto con il cliente, chiedendogli come ha trovato il prodotto, che altro vuole nel prodotto. Queste tattiche vi aiuteranno a mantenere i vostri clienti a lungo termine e a garantire la ripetizione delle vendite.

Sii positivo:

Pochi trader si arrabbiano rapidamente a causa delle fluttuazioni della domanda del mercato. E' importante, come leader, rimanere positivi e persistenti, anche se le vendite non sono sufficienti. Il motivo per cui le tue speranze non possono motivare le persone nella tua downline, quindi, rimane sempre positivo e concentrato.

> ### Generazione di clienti potenziali

Nel corso della nostra discussione all'interno di questo testo abbiamo sottolineato che un marketer multilivello deve raggiungere due obiettivi fondamentali. Uno è quello di vendere i prodotti o servizi della società madre e l'altro è quello di incoraggiare il cliente a diventare anche un distributore indipendente. Entrambi gli obiettivi richiedono azioni che richiedono la creazione di massime prospettive di business, note anche come "business leads".

Ci sono diversi modi per generare potenziali clienti. In genere, un venditore genera i propri contatti attraverso i riferimenti di amici, familiari e conoscenti. Ma è sufficiente? Pertanto, il venditore deve utilizzare vari strumenti come l'organizzazione di eventi o fiere, la distribuzione di opuscoli, altri possono includere lo svolgimento di ricerche o anche il venditore può semplicemente acquistare un elenco di imprese di costruzione da elenchi o altre fonti rilevanti.

I venditori online multilivello usano anche varie tattiche per generare contatti. Questo può essere fatto attraverso pagine di compressione, pagine email opt-in, pop-up, ecc. Questi sono fondamentalmente modi comuni per raccogliere informazioni da un visitatore, ad esempio, attraverso la pagina di compressione si forniscono informazioni sotto forma di articolo o videoclip per il cliente e poi si chiede al cliente di lasciare i propri dati di contatto (di solito e-mail, indirizzo postale e altre informazioni di contatto) se hanno bisogno di maggiori dettagli. In questo modo potrete ottenere informazioni sulla persona che potrà acquistare il vostro prodotto in futuro. Pertanto, se avete un'esistenza online, siete in grado di generare masse di contatti commerciali, che sono fondamentalmente i vostri potenziali clienti. Una volta che li otterrete, vi aiuterà a mantenere un rapporto a lungo termine con loro e sarete in grado di avvicinarvi a loro per offrire voi stessi, le vostre offerte e i vostri servizi.

Pertanto, un marketer multilivello deve generare quanti più contatti possibile, il che è cruciale non solo per la sua esistenza, ma anche per la sopravvivenza dell'azienda.

> ### *Misurazione delle prestazioni del marketing multilivello*

Una parte integrante dell'analisi del successo di una campagna di marketing multilivello è la misurazione delle prestazioni del team di marketing multilivello. È necessario identificare gli indicatori chiave di performance che hanno un impatto significativo sulla redditività della vostra azienda. Questi indicatori chiave sono fondamentalmente dei checkpoint che ti aiutano a monitorare i progressi del tuo team di marketing multilivello e i suoi effetti sul tuo business. A causa della natura molto complessa dello scenario del network marketing e, in generale, dei complicati piani retributivi, poche aziende a volte ignorano la valutazione delle prestazioni del proprio team e dell'impatto complessivo sul business. Ma va bene o è un grosso errore? Solo un pazzo direbbe di avere un diritto.

La performance di un team multi-livello ha un impatto vitale sulla vostra attività ed è fondamentale valutarne la performance in quanto vi aiuterà a formulare le vostre future strategie aziendali e il piano di marketing multi-livello. Investire di più in settori promettenti e ridurre gli sforzi dove non c'è molto potenziale. Ma la domanda è: come misurate la performance del vostro team? Come potete fornire dati utili per pianificare le strategie aziendali future? Quali sono gli indicatori chiave di performance?

Per valutare le prestazioni è essenziale identificare gli indicatori chiave di prestazione. Ad esempio, identificare se il vostro team ha raggiunto gli obiettivi assegnati, il numero di vendite effettuate dal vostro team, il numero di reclute chiave che ottenete, l'esecuzione di un'analisi costi-benefici, il numero di vendite ripetute o clienti abituali, l'aumento delle vendite, il livello di soddisfazione del vostro team, il livello di soddisfazione dei vostri clienti, e così via. Una volta fatto, è possibile utilizzare questi risultati per sviluppare politiche commerciali future. La misurazione degli indicatori chiave di performance è quindi un processo ben riconosciuto e viene praticato da quasi tutte le grandi aziende per essere utilizzato come base per formulare le strategie future.

Un altro punto importante da tenere a mente è la valutazione dei vostri obiettivi aziendali. Alcune aziende fissano obiettivi irrealistici che sono molto difficili da raggiungere. Per valutare le prestazioni effettive è anche essenziale valutare il vostro piano di retribuzione. Ad esempio, se la ritenzione del distributore è molto bassa, piuttosto che penalizzare il vostro team, dovreste rivalutare il vostro piano di provvigioni e identificare il motivo per cui il vostro team non può produrre risultati efficaci. Pertanto, al fine di garantire la longevità, le aziende MLM devono costantemente valutare le prestazioni delle loro apparecchiature e adottare misure per correggere eventuali buchi nel loop.

Vantaggi del marketing multilivello

Il marketing multilivello offre una varietà di vantaggi. Di seguito sono elencati alcuni vantaggi associati all'attività di MLM:

- **Barriere minime all'ingresso:**

Il marketing multilivello come qualsiasi altro marketing online è un settore egualitario che si può entrare e non ha alcun requisito di ingresso per il dolore. Anche per iniziare la tua carriera come venditore a più livelli e per avviare un'attività MLM professionalmente non è necessario essere altamente qualificati, cioè si può entrare in questo business senza la necessità di una laurea o di una particolare esperienza.

- ### *Flessibilità finanziaria:*

Rispetto ad altre imprese, l'attività di MLM ha costi di stabilimento relativamente bassi. Anche se i costi effettivi variano sostanzialmente a seconda del tipo di piano di compensazione che offrite, ad esempio, poche aziende richiedono un investimento mensile sostanziale in prodotti o servizi o poche richiedono alcune spese aggiuntive come la registrazione, ecc. per unirsi a loro come rappresentante di vendita o venditore.

- ### *Richiede sforzi mirati:*

L'approccio di un addetto alle vendite MLM è solo quello di commercializzare il prodotto che è necessario concentrare i propri sforzi sulla generazione di rappresentanti di vendita e di vendita. Tutto il resto viene fatto dall'azienda stessa, cioè si commercializza solo un prodotto che è già stato fabbricato, e quando si effettua una vendita non ci si deve preoccupare di nient'altro, come l'invio del prodotto al cliente, ecc.

- ***Orario flessibile:***

Puoi gestire il tuo business in qualsiasi momento. Avete la flessibilità di scegliere l'orario di lavoro. È possibile lavorare a tempo parziale, a tempo pieno, la sera, da casa o altrove. Inoltre, non c'è bisogno di un ufficio o di un'area aziendale da cui lavorare.

- ***MLM offre un reddito con leva finanziaria:***

Uno dei maggiori vantaggi di un'azienda di MLM è che, in pratica, ci si dedica alla formazione iniziale, alla creazione di un efficace rappresentante di vendita e allo sviluppo di un'efficiente downline. Una volta fatto, puoi raccogliere i profitti per il resto della tua vita. Poiché generalmente si guadagnano compensi o commissioni sulle vendite generate da voi, così come la vostra downline, e più efficiente e laboriosa la vostra downline, più soldi potete guadagnare. Questo è il motivo per cui il MLM è di solito visto come una fonte di reddito con effetto leva, cioè, si riceve un reddito continuo da un singolo sforzo iniziale.

- ***Sistemi preesistenti***

Come fornitore di MLM non è necessario sviluppare sistemi per reclutare, sviluppare e formare il personale. Questi sono gestiti dalla società che rappresentate. Tutto quello che dovete fare è raggiungere le persone per commercializzare il vostro prodotto e generare vendite e convincerle ad agire come futuri rappresentanti di vendita.

- ***Crescita e sviluppo personale:***

Il marketing MLM è visto anche come un'ampia fonte di crescita personale e di sviluppo dei fornitori. Nel tempo, non solo si ottengono qualità professionali di vendita, ma MLM vi aiuta ad aumentare le vostre relazioni pubbliche e a migliorare le vostre qualità di marketing e di leadership.

➢ ***Svantaggi del marketing multilivello***

Dopo averne discusso i vantaggi, esploriamo ora il lato più oscuro che sono gli svantaggi del marketing multilivello. Ecco la lista:

- *Piani di compensazione complessi:*

È importante notare che i piani di compensazione o di commissioni non sono di solito così semplici come sembrano. Nella maggior parte dei casi, le società che mantengono la redditività finanziaria di MLM fissano una serie di obiettivi basati sulle vendite, sulle prestazioni o sugli standard e vengono pagati solo una volta raggiunti tali obiettivi. Ad esempio, poche aziende pagano solo se assumi un numero specifico di rappresentanti per generare vendite future; se non lo fai, non otterrai nulla dalle tue vendite.

- *Impegno finanziario:*

Poche aziende intrappolano i professionisti del marketing chiedendo loro una serie di spese nascoste sotto forma di tasse di registrazione, spese di formazione o addirittura, a volte, di addebitare il materiale o gli strumenti di marketing che forniscono (ad esempio, CD, broker, manuali, ecc.) ai professionisti del marketing per fornire formazione sul prodotto e sulle sue caratteristiche, oltre che sull'azienda. La maggior parte delle volte, è necessario impegnarsi ad acquistare un certo volume di prodotto ogni mese, al fine di rimanere idonei a partecipare al programma. Ciò rende difficile per voi di rimanere redditizi e ostacola la vostra esistenza a lungo termine nel settore.

- **Richiede un'ampia motivazione:**

Ricordate che il MLM riguarda il leveraged income. Si può sopravvivere solo quando si guadagnano soldi dalle proprie vendite più le vendite generate attraverso la propria downline. Pertanto, è di vitale importanza mantenere la vostra downline motivata e concentrata. È inoltre necessario formare e assumere un numero sempre maggiore di persone per generare più reddito. Pertanto, la MLM richiede uno sforzo continuo e un duro lavoro per la sopravvivenza futura.

- **Grave concorrenza:**

Poiché l'attività di MLM non richiede alcun titolo o competenza professionale e, inoltre, non ha relativamente nessuna barriera all'apertura o all'ingresso sul mercato, essa favorisce una forte concorrenza. Chiunque può entrare nel mercato e portarsi via le tue prospettive. Questo è il motivo per cui, per garantire la longevità, un venditore MLM serio deve lavorare sodo, dato che ci sono molti altri che vogliono lavorare con i loro sponsor.

La prospettiva di business

C'è così tanto clamore ovunque sul
successo di MLM e sulle ricompense
finanziarie e di altro tipo associate
all'impiego di una campagna MLM di
successo. Ma quali sono le statistiche?
Quali sono i fatti reali? Se fate la vostra
ricerca scoprirete che, sebbene diverse
aziende associano le loro storie di
successo a MLM. Grandi giganti come
Avon, Amyway, Mary Kay e molti altri
hanno grandi squadre di MLM che sono un
vantaggio per loro. Ma è anche vero che
quasi il settanta-ottanta per cento delle
aziende che entrano in campo per la prima
volta incontrano fallimenti e perdite.
Perché? Dove stanno andando male le
cose? Qui ci sono alcune aree che
richiedono un'adeguata considerazione:

- **Motivi dei fallimenti dell'MLM**

Scopriamo alcune ragioni dei fallimenti della MLM dal punto di vista di un'azienda:

- **Selezionare le persone sbagliate:**

Una delle più grandi insidie è la selezione delle persone sbagliate. Al fine di massimizzare le loro commissioni, i promotori di MLM spesso selezionano chiunque quando reclutano individui per far parte della loro downline. Persone che non sono molto serie e se non riescono a fare abbastanza commissioni, ritraggono una cattiva immagine dell'azienda ovunque. Questo è pericoloso per la crescita futura di un'azienda. Altre persone possono essere riluttanti ad entrare in azienda e/o ad acquistare il prodotto.

- ***Impegno nella ricerca e sviluppo:***

È inoltre essenziale che le aziende ricordino che il MLM è parte integrante della loro strategia aziendale. Poche aziende concentrano tutti i loro sforzi sulla MLM e dimenticano il resto. E' qui che le cose vanno male. Con eccellenti sforzi di marketing è anche fondamentale investire nella ricerca.

e lo sviluppo e la produzione di un prodotto unico con caratteristiche di solidità. Non importa quanto sia buona la vostra rete di marketing e distribuzione, senza un prodotto promettente, tutto il resto è inutile.

- *I piani della Commissione sono gonfiati:*

Alcune aziende, per attirare un numero sempre maggiore di persone e per stare davanti alla concorrenza, offrono piani di commissioni e prezzi per prodotti irrealistici o eccessivamente gonfiati e promettono ricchezza da un giorno all'altro. Evitare di farlo, in primo luogo, perché potrebbe presto crollare finanziariamente; in secondo luogo, può essere visto come una truffa e la gente è riluttante ad unirsi a voi.

- *Incapacità di comprendere l'offerta e la domanda del mercato:*

Nell'avidità di espandere la penetrazione del mercato e raggiungere milioni di persone, il più grande errore di alcune

94

aziende è dimenticare l'economia di base.
È essenziale valutare la domanda del
mercato e l'offerta di prodotti. Le aziende
possono spendere ingenti somme di
denaro per la MLM, ma ciò che non si
rendono conto è lo scenario economico.
Anche il prezzo da voi fissato è un fattore
determinante della domanda e dell'offerta,
soprattutto se il prodotto che offrite non è
troppo diverso da quello che è già
disponibile ovunque sul mercato. È quindi
essenziale valutare tutti questi fattori
prima di investire ciecamente nella MLM.

- ***Uso di pratiche non etiche:***

Il movimento più pericoloso che può
danneggiare l'immagine di un'azienda è
l'implementazione di pratiche non etiche
per generare profitti a breve termine.
Pratiche come fare false promesse sugli
attributi dei prodotti, addebitare un'alta
commissione iniziale o richiedere un

grande investimento iniziale da parte di nuove persone per entrare nel team di distribuzione, costringendole ad acquistare un gran numero di prodotti che sono davvero impossibili da vendere, possono farti guadagnare a breve termine ma danneggiare la tua immagine e la tua esistenza a lungo termine.

È vero che la MLM promette grandi somme di denaro, ma è essenziale rendersi conto che non ci sono miracoli e che bisogna essere prudenti e vigili nello sviluppo di strategie di MLM e usare tattiche legittime ed etiche, altrimenti crollerà.

> ***Segreti del marketing multilivello***

Nell'ultimo capitolo abbiamo discusso le ragioni dei fallimenti di MLM e quindi abbiamo evidenziato alcuni fattori essenziali da considerare. A parte questo, cosa possono fare le aziende MLM per ottenere il massimo dalla loro campagna di marketing multilivello. C'è un segreto del MLM per il successo? Come possiamo differenziarci dalle migliaia di concorrenti già presenti sul mercato? Come possiamo offrire di più? Ecco alcuni segreti del MLM per il successo:

Supporto, supporto e più supporto:

Devi rimanere nel retro della tua squadra. Non lasciare mai che la tua squadra di MLM sopravviva da sola. Mantenerli aggiornati e informarli sul prodotto, sull'azienda e sulle attuali tendenze e tecnologie del mercato. Ricordate che la sopravvivenza e il successo del vostro team assicura la sopravvivenza della vostra azienda.

Offrire qualcosa in più

Le buone aziende offrono sempre un po'
di più per guadagnare la fiducia e la lealtà
dei loro dipendenti. Cercate sempre di
sviluppare relazioni con il vostro team.
Identificare i loro problemi e aiutarli a
risolverli. Anche alcuni bonus extra che
vengono loro offerti, ad esempio, a
Natale, o che possono inviare loro una
formazione per migliorare le loro capacità
di marketing nelle spese dell'azienda,
sono strategie che possono favorire la
buona volontà e la lealtà nel loro team.

Fornire strumenti promozionali gratuiti:

L'offerta di strumenti promozionali
gratuiti ti aiuterà a generare maggiori

vendite. I vantaggi che offrite possono portarvi a potenziali clienti potenziali, ad esempio, offrendo prodotti o servizi gratuiti che possono includere prodotti o servizi gratuiti. Tattiche notevoli, soprattutto se offrite prodotti sanitari o cosmetici. Ricevi regali, inclusi prodotti e servizi gratuiti.

Incoraggiare il lavoro di squadra:

Il marketing multilivello si basa sul lavoro di squadra e sulla costruzione di relazioni. È inoltre vantaggioso per un'azienda utilizzare tecniche che incoraggiano il lavoro di squadra tra le reti di distribuzione. È possibile farlo organizzando seminari a intervalli regolari, coinvolgendo i membri del team attraverso chat room online e altri social network dove le persone possono incontrarsi e imparare gli uni dagli altri.

Sviluppare un atteggiamento appropriato

Tutti i marketer di MLM devono imparare il segreto di sviluppare un atteggiamento corretto mentre conducono i loro affari, specialmente quando si è nel business online di MLM. Poiché non siete in contatto diretto con i vostri clienti, il vostro atteggiamento dovrebbe essere tale da attrarre il vostro potenziale cliente. Rispetta le tue prospettive e sii sempre onesto, sincero ed educato. Comunicare con i vostri potenziali acquirenti in modo rispettoso. Una cosa buona da sapere è che la gente ti segue, una volta che ti piace e compra da te.

Pertanto, incorporando questi segreti potete offrire qualcosa in più ai vostri collaboratori e ai vostri clienti, raccogliendo così i benefici a lungo termine.

Conclusione: Sintesi

Il marketing multilivello è una risorsa per qualsiasi azienda che voglia penetrare il mercato e generare profitti. Ogni azienda sogna di fare più vendite per realizzare un profitto. Incorporando le tecniche MLM le aziende possono facilmente raggiungere i loro obiettivi, ma anche in questo caso è importante ricordare che non ci sono scorciatoie. Coerenza, duro lavoro e impegno sono i requisiti per il successo.

Sebbene il MLM sia solitamente visto come una truffa o illegale, non è illegale. E' completamente legale. Attenzione, tuttavia, alle pratiche fraudolente che le aziende meno legittime utilizzano spesso nel corso della loro attività. Anche le vere e proprie società di MLM devono seguire rigorosamente le linee guida legali e i mezzi etici delle pratiche dei dipendenti che garantiscono non solo il successo, ma anche la persistenza a lungo termine dell'azienda.

L'altra dimensione di MLM è la sua estrema flessibilità che permette a molte persone che la circondano di essere coinvolte nel business e generare denaro al proprio ritmo. Una cosa che ogni marketer multilivello deve capire è che non è un miracolo e ci vuole tempo e fatica per avere successo, quindi non arrabbiarsi mai per i fallimenti iniziali e non arrendersi mai rapidamente. Vai avanti e continua a lavorare sodo e non sarai lontano dal successo e dai grandi guadagni.

Ora sì, vi auguro il meglio dei vostri risultati, e ricordate, tutto è pratico; la teoria senza azione non vi serve a nulla.

Un grande abbraccio, il tuo amico
Gaston!

A proposito, quando otterrete i vostri
risultati a poco a poco, vi consiglio
vivamente, se volete saperne di più sui
metodi di fare soldi, il mio libro, su "COME
FARE MONEY CON IL TUO BLOG IN 2019",
è un libro che sono sicuro vi aiuterà molto
sulla strada verso la "libertà finanziaria".
Senza ulteriori indugi, potete trovarlo nel
motore di ricerca di Amazon, come:
"Come guadagnare soldi con il tuo blog
nel 2019" o cercando il mio nome, come:
"Gaston Echevarria"..... Ancora una volta
vi auguro di avere successo nei vostri
risultati!

www.ingramcontent.com/pod-product-compliance
Lightning Source LLC
Chambersburg PA
CBHW070438180526
45158CB00019B/1666